AF259771

AUX HABITANTS DE MALIGNY

OU SONT LES SOI-DISANT CHETITS?

PAR
Pierre PONNELLE Jeune

Vois-tu! l'hypocrisie est un vice à la mode,
Et quand de ses couleurs le vice est revêtu
Sous l'appui de la mode il passe pour vertu.
(Th. CORNEILLE.)

BEAUNE
IMPRIMERIE HENRI LAMBERT FILS
MDCCCLXXVI

OU SONT

LES

SOI-DISANT CHETITS?

La discorde, dans une commune, est le pire de tous les fléaux. Si l'union donne la force, la discorde paralyse tout.

Quand deux courants d'idées s'entre-choquent, il est bien rare que celui qui n'a pas la sympathie de la population triomphe toujours.

Le droit et la raison sont deux rochers gigantesques qui font échouer bien des intrigues.

Les temps sont passés où, par des jours de corvée et quelques flatteries mercenaires, on gagnait un siége au Conseil municipal.

Nos adversaires se sont pris eux-mêmes dans les piéges qu'ils nous tendaient.

Ne formant plus qu'une minorité dérisoire, hostile à notre gouvernement, mais désormais impuissante, que leur reste-t-il en partage? les vociférations, les cris, les insultes, une haine invétérée contre nous! Jusqu'ici, nous avons accueilli leurs ruades avec toute la patience voulue. Leurs provocations incessantes n'ont fait que nous rappeler à la modération.

Nous ne leur avons jamais reproché l'ineptie dont ils ont fait preuve. Celui qui regarde à Paris pour voir si la Champagne brûle n'en est que plus à plaindre.

Cependant, leurs attaques devenant chaque jour plus violentes, et provoquant une réponse, c'est au nom de la majorité que nous adressons ces quelques lignes à nos compatriotes.

OU SONT LES SOI-DISANT CHETITS?

C'est en vain qu'aux dernières élections un ministre en délire avait agité sa cloche d'alarme en diffamant tout ce qui s'appelait républicain, la nation, mûrie par trop d'épreuves, a rendu contre lui et les siens un verdict solennel.

Le gouvernement qui nous régit, ayant puisé de nouvelles forces dans le suffrage universel, n'est-ce pas une preuve que la forme républicaine a pris racines dans le cœur des Français?

Etant devenu le gouvernement de la majorité, il s'impose au respect de tous. Ceux qui lui ont prêté leur concours peuvent bien, à juste titre, s'intituler les vrais conservateurs. La plupart de ceux qui, imbus de préjugés, lui étaient hostiles, se sont déjà ralliés franchement à la majorité. Mais les imprudents, qui osent encore convoiter le renversement de nos institutions, ne sont en réalité que des révolutionnaires, et doivent être déclarés les ennemis de la société.

Les déclarations, récemment fournies par notre loyal Président et ses ministres, prouvent assez qu'ils ne faibliront pas dans l'accomplissement de leur tâche. Nos deux Chambres nous ont aussi donné les prémices d'une politique sage et modérée. Ce gouvernement est donc celui qui doit nous inspirer le plus de confiance.

Que les honnêtes gens n'aient plus de crainte ! Reprenons tous courage, et consacrons bien nos efforts au développement de nos ressources intérieures, qu'une politique agressive ne viendra plus anéantir par des catastrophes honteuses.

Saluons, avec empresement, cette seconde phase de République qui, dès son début, vient nous rendre nos franchises municipales !

Grand nombre de Conseils municipaux n'étaient-ils pas réduits à l'inertie la plus complète par l'opposition systématique des maires de combat ?

Que de communes gisaient encore sous la tutelle de maires hostiles au gouvernement et à leurs administrés ! N'avons-nous pas vu par nous-mêmes que le plus chétif des maires pouvait à lui seul entraver le développement d'une commune ?

De toutes les communes de France, Maligny est, sans contredit, une de celles qui ont le plus gémi. Quelle arrogance n'avons-nous pas vu régner au sein de la minorité dans le pays en général, mais plus spécialement dans notre humble commune !....... Nous avons vu les types les plus grossiers de l'hypocrisie, dignes flambeaux de la réaction, oser se ruer contre les personnes vertueuses, et attaquer jusqu'aux bienfaiteurs de la commune !

Ces jours de lutte sont heureusement passés. De nos jours, la force sans le droit est un pouvoir bien éphémère, et éphémère restera tout ce qui luttera contre le bon sens d'une saine majorité, aussi bien en ce qui touche à la politique qu'en ce qui concerne la gestion d'une commune.

L'ère nouvelle, qui s'offre à nous, fera justice de tout ce qui est impur. L'honneur et la vertu jouiront désormais de leurs priviléges, et les craintifs vertueux n'auront plus à subir le joug de l'arrogance endimanchée des sept péchés capitaux.

Au renouvellement des municipalités, ne serait-il pas opportun de jeter un coup d'œil rétrospectif sur les travaux des anciens conseillers, en mettant en relief le dévouement et les capacités dont ils ont fait preuve ?

Avant de nous lancer dans cette voie, permettez-moi de vous citer un extrait d'un discours prononcé, en 1872, par un magistrat distingué.

Un de nos compatriotes, maire de canton, après avoir exposé la situation financière de sa commune, disait :

« Il faut, selon moi, que la maison muni-

» cipale soit de verre pour que tout le monde
» puisse y regarder et savoir ce qui s'y
» passe. »

Nous autorisant d'aussi bonnes paroles, ne pouvons-nous pas inviter notre ancien maire, qui a toujours été un des pilotes les plus actifs de l'ancien conseil, à nous fournir de pareilles explications ?

Tout ce que nous savons de la chose publique, c'est que nos municipalités ont eu à disposer de sommes relativement importantes qui n'ont pas été employées aux améliorations réclamées par le pays, et qu'aujourd'hui, la caisse est à peu près vide..... Où a passé tout cet argent, qui devait être consacré jadis à la construction d'une maison d'école?

Que notre ancien maire s'inspire donc d'un aussi bel exemple et qu'il nous dise : Lors de ma nomination, j'ai trouvé tant en caisse. Durant mon administration, aussi longue que pénible, j'ai encaissé tant. Les déboursés s'élèvent à tant, et j'ai rendu l'écharpe avec tant. Ceci fait, M. le maire n'aura rempli que le plus mince de ses devoirs vis-à-vis de ses administrés.

Depuis que Maligny existe, qu'a-t-on fait pour en provoquer l'embellissement?

Une église..... qu'une coterie mélangée d'égoïstes et de gens ineptes, voulait reléguer au fond du village où elle se serait trouvée abritée par des masures. Pour écarter ce projet défectueux, ne fallut-il pas l'intervention d'un bienfaiteur qui promit une horloge au cas où l'église serait élevée à l'emplacement qu'elle occupe aujourd'hui?

Si ce bienfaiteur ne se fut point annoncé, verrions-nous cette église, que tout le monde admire, s'élever majestueusement au milieu du village, et qu'entourent aujourd'hui les dépouilles de ceux qui nous sont chers?

Il est si vrai que l'homme vertueux porte ombrage à ceux qui n'ont pas toujours suivi la droite ligne, qu'il se forma aussitôt une coterie prête à diffamer celui dont toute la vie n'est remplie que de bonnes œuvres.

N'empiétons pas plus avant sur les matériaux qui nous servirons plus tard à retracer l'histoire complète de Maligny, contentons-nous, pour le moment, d'étudier ce qu'ont produit nos dernières municipalités.

Voyons surtout à l'œuvre l'avant-dernier Conseil. Armons-nous de la lanterne du philosophe d'Athènes et cherchons-y des hommes ?

Depuis nombre d'années, quel était le vœu le plus cher à notre population ? N'était-ce pas de voir la comuune s'orner d'une maison d'école saine et spacieuse pour y rececoir nos pauvres enfants qui croupissent encore dans l'ancienne salle qui n'offre plus, à vrai dire, que l'aspect d'un bouge infecte ?

N'avons-nous pas vu un plan recommandé par M. l'Inspecteur, approuvé par les autorités supérieures, et répondant en tous points aux besoins de notre population, être repoussé par une pétition que deux ou trois sujets malintentionnés avaient su faire revêtir de signatures d'honnêtes gens qu'ils induisaient en erreur ?

C'est bien à ceux qui prirent l'initiative de cette pétition, et qui plus tard, malgré la majorité des habitants, malgré les plus imposés, firent retomber sur la classe la moins fortunée, un impôt que les plus imposés eux-mêmes se refusaient de payer, c'est bien à ceux-là, dis-je, que nous devons la scission qui s'est produite parmi nous !

Les électeurs ne tardèrent pas à faire justice d'une administration aussi arbitraire ; tous les purs furent signalés à l'index aux élections qui suivirent, et pas un d'eux ne franchit plus le seuil du Conseil.

Quand je dis pas un, j'oublie leur chef de file qui nous fut toujours imposé comme maire. Ce magistrat puissant, que l'écharpe avait peine à ceindre, ne se trompait pas lorsqu'il disait :

« Les fonctions de maire sont, il est vrai, « peu lucratives, mais elles jouissent de pré- « rogatives très flatteuses. » Néanmoins, il y en a plus d'un qui ne lui enviera pas les louanges qu'il s'est attirées par son administration aussi provocante que rétive. Il est un de ceux dont l'oraison funèbre a été prononcée dans les journées des 20 février et 5 mars. Avant de le laisser reposer en paix, voyons-le fonctionner encore avec le Conseil actuel.

Qu'a fait ce dernier Conseil et qu'a-t-il pu faire ? Rien, nous le reconnaissons avec douleur. Etait-ce le bon vouloir et l'initiative qui manquaient à nos Conseillers? Personne ne le suppose.

Nous connaissons tous l'entrevue que nos Conseillers, le Maire en tête, ont eue cette année avec une personne compétente qui leur donnait la marche à suivre pour qu'on nous construisît cette malheureuse maison d'école sans délai.

A Neuilly, tout le monde fut d'accord, et chacun s'en revint persuadé, cette fois, qu'on marcherait tous à l'unisson. Le jour de cette fameuse délibération fut suivi de beaucoup d'autres, qui ne nous rapportaient aucun avis de l'administration supérieure. Les Conseillers commencèrent à se croire dupés; l'horizon leur apparaissait de plus en plus sombre, l'orage devait bientôt éclater.

En effet, le fond de l'intrigue ne tarda pas à se dévoiler, grâce à la tactique ingénieuse de notre subtil délégué. Les gens d'en haut lui affirmèrent n'avoir rien reçu concernant la question, et, sur son instigation personnelle, il provoqua l'expédition immédiate des délibérations du Conseil... Quelle ne fut pas la consternation de cette pauvre assemblée municipale, quelque temps après, lorsque M. le Maire déclara que le projet en question n'était pas adopté !

Il ne fut pas difficile à notre délégué de démasquer le Judas de la circonstance. C'est les pièces en main qu'il lui prouva qu'il n'avait agi qu'en sournois. Ce vénérable magistrat qui, à Neuilly, partageait avec tant de conviction les vues du Conseil, n'en signa pas moins contre les délibérations prises à l'unanimité !

Quelle puissante morale pouvons-nous tirer de pareils faits ? C'est que, depuis longtemps, notre ancien maire · et ses satellites luttaient sourdement contre le développement de notre commune. Il est heureux que l'ineptie qui caractérise leurs actes, nous fournisse aujourd'hui les preuves écrites de ce que nous avançons, Leur est-il possible, cette fois, de rejeter les accusations qui pèsent sur eux ? N'est-ce pas, pour la deuxième fois depuis cinq ans, qu'ils nous privent d'une maison d'école ? Ne sont-ce pas les meneurs de cette coterie d'hypocrites qui ont empesté la commune du souffle de la discorde ?

Les gens qui, par leur caractère, devraient nous donner l'exemple d'un civisme austère, et qui ne sèment sur leurs pas que l'inquiétude dans les esprits et la défiance de nos institutions, sont blâmables devant Dieu et devant les hommes.

A quelle source honnête peuvent-ils puiser les arguments boursouflés qu'ils vomissent à la figure des honnêtes gens pour les exciter contre la République?

Où donc sont les puissances qui veulent déclarer la guerre à la France républicaine? Et quels sont nos diplomates qui désirent cette guerre dont on nous parle si souvent? La guerre, si guerre il y a, n'existe que dans les intrigues et les discours d'une secte qui ne cherche qu'à brouiller les consciences! Qu'ils nous permettent de leur dire, qu'instruments belliqueux d'une autre époque, ils oublient que la nation française n'est plus celle du temps jadis. Tout paysans que nous soyons, nous n'en voyons pas moins clair aujourd'hui. Nous savons parfaitement distinguer les fausses apparences de la réalité et la monnaie étrangère de celle de notre pays; de pareilles inspirations ne sont pas françaises. Les bourdes qu'on nous lancera ne nous atteindrons plus, elles retourneront frapper ceux qui nous les destinaient.

Nous serons toujours les admirateurs zélés des sentiments nobles, mais ne devons-nous pas blâmer sévèrement ceux qui osaient dire en plein Conseil qu'on ne pouvait trop subjuguer les pauvres? N'allons pas croire que ces paroles sortaient de la bouche d'un grand seigneur, elles ne sortaient évidemment que de la bouche d'un pauvre..... d'esprit.

Notre conduite, à l'avenir, est donc toute tracée. Rappeler de pareils hommes aux affaires de la commune, serait nous créer des ennemis irréconciliables. Aussi, ne manquerons-nous pas de faire appel aux hommes vraiment dévoués à la chose commune. Nous écarterons soigneusement des intérêts publics ceux qui n'ont d'intérêts que pour eux. Maligny possède encore assez d'électeurs bien pensants, sans aller quêter un conseiller parmi ceux qui veulent opprimer les pauvres.*Nous jetterons nos vues sur ceux qui désirent n'opprimer personne et qui veulent le bien de tous. Nous ne cesserons pas de mettre en pratique les sentiments religieux dont s'affublent nos adversaires, et, commençant par eux, désirons vivement qu'ils comprennent un jour leurs fautes et deviennent meilleurs.

S'ils finissent par abaisser le drapeau de méchanceté qu'ils avaient arboré avec tant d'impudence, nous ne doutons pas que, forts des leçons de l'expérience, ils se persuadent à leur tour que la franchise et la loyauté sont des apanages des plus chers de ce monde.

Pierre PONNELLE.

Maligny, avril 1876.

Beaune. — Imp. Henri LAMBERT fils.